Inhalt

Wagniskapital - Zusagen sinken, künftige Förderung noch unklar!

Kernthesen

Beitrag

Fallbeispiele

Weiterführende Literatur

Impressum

GENIOS WirtschaftsWissen Nr. 06/2007 vom
12.06.2007

Wagniskapital - Zusagen sinken, künftige Förderung noch unklar!

T.Trares

Kernthesen

- Die Wagniskapitalgeber haben sich im ersten Quartal 2007 zurückhaltend gezeigt.
- Ohne das Engagement der öffentlichen Kapitalgeber wie die KfW-Bankengruppe oder der Hightech-Gründerfonds wäre das Ergebnis noch dürftiger ausgefallen.
- Insbesondere die Biotech-Branche ist auf den Zufluss von Risikokapital angewiesen, da ihre Produkte oftmals erst nach zehn bis zwölf Jahren zur Marktreife gelangen.

- Darüber hinaus streiten sich zurzeit Finanzminister Peer Steinbrück und Wirtschaftsminister Michael Glos über die Ausgestaltung des neuen Private-Equity-Gesetzes, das auch den Umgang mit Wagniskapital regelt.

Beitrag

Für junge Hightech-Firmen bleibt das Geld knapp. Im ersten Quartal des Jahres hielten sich die deutschen Risikofinanzierer mit Kapitalzusagen zurück. Derweil ist innerhalb der Bundesregierung Streit um die Förderung von Wagniskapital entbrannt.

Wagnisfinanzierer zeigen sich im ersten Quartal 2007 zurückhaltend

Die im Venture Capital Panel erfassten deutschen Wagnisfinanzierer sind im ersten Quartal 2007 insgesamt 82 Beteiligungen eingegangen und haben dabei 115 Millionen Euro investiert. Im vierten Quartal 2006 waren es nur 76 Beteiligungen bei einem investierten Kapital von immerhin noch 154 Millionen Euro. Ohne das wachsende Engagement öffentlicher Investoren wäre allerdings auch die Zahl der Beteiligungen zurückgegangen. So schlossen die

KfW-Bankengruppe, der Hightech-Gründerfonds, Bayern Kapital und die IBB Beteiligungsgesellschaft im ersten Quartal des Jahres 40 Beteiligungen ab. Sie standen damit für etwa die Hälfte aller neuen Investments. Noch deutlicher zeigte sich diese Tendenz bei den sogenannten A-Runden, bei denen Unternehmen zum ersten Mal mit Wachstumskapital ausgestattet werden: 22 von 30 dieser Unternehmen floss Kapital aus den öffentlichen Fonds zu. (1)

Finanzministerium will Wagniskapital fördern

Das Bundesfinanzministerium will statt des ursprünglich geplanten Gesetzes für die gesamte Private-Equity-Branche nur die Wagniskapitalfinanzierung fördern. Eine allgemeine Verbesserung des gesetzlichen Rahmens der Beteiligungsgesellschaften ist nicht mehr vorgesehen. Der Grund dafür ist, dass das Ministerium mögliche Steuerausfälle auf 260 Millionen Euro begrenzen möchte. Künftig geförderte Wagniskapitalgesellschaften sollen nur in Unternehmen investieren dürfen, die nicht älter als sieben Jahre sind und deren Eigenkapital beim Erwerb nicht höher als 500 000 Euro ist. Die Wagniskapitalgesellschaft darf maximal 90 Prozent an der Zielgesellschaft besitzen und die Anteile nicht länger als 15 Jahre halten. Bringt sie das Unternehmen an die Börse, muss sie binnen drei Jahren aussteigen. Wenn diese Bedingungen erfüllt sind, wird die Beteiligungsgesellschaft nach den Plänen des Finanzministeriums von der Gewerbesteuer befreit. Zudem will das Ministerium die Regelungen des Unternehmensbeteiligungsgesetzes flexibilisieren, um die Finanzierung des breiten Mittelstandes mit Beteiligungskapital zu sichern. (4)

Wirtschaftsministerium kritisiert Pläne des Finanzministers

Die Pläne von Finanzminister Steinbrück hat das Wirtschaftsministerium scharf kritisiert. Dieses bemängelt unter anderem, dass der Finanzminister die "massive Steuermehrbelastung" der Beteiligungskapitalinvestitionen von Steuerinländern durch die geplante Abgeltungssteuer auf Veräußerungsgewinne von 25 Prozent ignoriert. Deswegen sollten zumindest die Wagniskapitalfinanzierer von der Veräußerungsgewinnbesteuerung ausgenommen werden. (6)

Offene Punkte

Wie sich das Finanzministerium und Wirtschaftsministerium angesichts der Meinungsverschiedenheiten auf einen gemeinsamen Referentenentwurf einigen sollen, ist bislang noch unklar. Nach dem Koalitionsvertrag soll das bestehende Unternehmensbeteiligungsgesetz in ein Private-Equity-Gesetz gewandelt werden. Während Wirtschaftsminister Glos für ein allgemeines Standortgesetz plädiert, will sich Finanzminister Steinbrück auf die Förderung von Wagniskapital beschränken. Der Zeitdruck ist enorm. Denn das geplante Private-Equity-Gesetz soll zeitgleich mit dem Unternehmenssteuergesetz zum 1.1.2008 in Kraft treten. Über letzteres ist man sich in der Großen Koalition bereits einig. (3), (6)

Fallbeispiele

Stephan Uhrenbacher hatte die Geschäftsidee, ein virtuelles Stadtmagazin, das von den Benutzern selbst geschrieben wird, aus der Taufe zu heben. Der Name: Qype. Jeder Nutzer sollte Betriebe und

Dienstleistungen - Tankstellen oder Kneipen, Restaurants oder Tagesmütter - selbst bewerten. Doch die Finanzierung seiner Geschäftsidee gestaltete sich zeitaufreibender als gedacht. Ein Drittel des Startkapitals konnte Uhrenbacher selbst stemmen - relativ viel im Vergleich zu anderen Existenzgründern. Ihm fehlten aber mehrere hunderttausend Euro. Nach einem Termin bei seiner Hausbank wurde ihm klar, dass der klassische Kredit nicht das Richtige für ihn ist. Maschinen, Produkte oder Gebäude konnte er als Sicherheit nicht vorweisen. Auch die Gründerprogramme der KfW-Mittelstandsbank kamen für Uhrenbacher wegen des Zeitdrucks nicht in Frage. Seine ersten Finanziers fand er schließlich über das Investorennetzwerk Brains To Ventures, bei dem Existenzgründer ihre Idee vor Privatinvestoren präsentieren. Zwei Business Angels stiegen ein: Nils Weitemeyer, Chef der Softwarefirma Cellity, und ein Unternehmer aus dem Bankenumfeld. (2)

Jedes Jahr werden weltweit 500 Milliarden Digitalfotos geschossen. Meist landen die Bilder ungeordnet auf den Rechnern der Fotografen. Ein Problem, das Malte Schloen kannte. Er hatte sich mit der Vermessung von Flurstücken mittels GPS (Global Positioning System) beschäftigt. Da kam ihm die Idee, die GPS-Technik für die Archivierung von Fotos zu nutzen. Mit drei Partnern sammelte Schloen 600 000

Euro Wagniskapital ein und gründete im Oktober 2006 in Braunschweig das Unternehmen Locr.com. Mit dem Angebot von Locr können digitale Fotos mit Informationen über den Ort versehen werden, an dem sie geschossen wurden. Das geht entweder automatisch über GPS-Module an der Kamera oder manuell über die Website von Locr. Mit Hilfe der Infos können auf dem Rechner Fotos nach Orten gesucht werden. Die Software ist kostenlos. Geld will das Unternehmen unter anderem mit Premiumangeboten auf seiner Webseite verdienen: Sie soll eine Art weltweite Sharing-Site für Fotos mit Ortsinformationen werden - demnächst wird es die Seite in zwölf Sprachen geben . Das Unternehmen steckt noch in den Anfängen und wird derzeit vom Hightech-Gründerfonds gefördert, dem die Bundesregierung, die KfW-Bank und Dax-Konzerne angehören. Mittlerweile haben sich über 2 000 Nutzer registriert und bereits 20 000 Bilder hochgeladen. (5)

Junge Unternehmen haben auf ihrem Weg zur erfolgreichen Etablierung am Markt mit einer Vielzahl von Herausforderungen zu kämpfen. An erster Stelle steht die Finanzierung während der Gründungs- und Wachstumsphase. Für Kreditgeber sind aber oft die mangelnden Sicherheiten ein Problem. Eine Alternative bietet die Aufstockung des Eigenkapitals in Form einer Beteiligungsfinanzierung durch Wagniskapital. Dies gilt insbesondere für

Biotech-Unternehmen, denn in kaum einer anderen Branche entscheidet der Zugang zu Kapital so sehr über den Erfolg oder Misserfolg am Markt. Die Biotechindustrie zählt zu den forschungsintensivsten Branchen überhaupt. So belaufen sich die Vorlaufkosten oft auf mehrere 100 Millionen Euro. Die Entwicklung eines neuen Arzneimittels dauert in der Regel zehn bis zwölf Jahre und kostet durchschnittlich 800 Millionen Euro. Hauptursache für die hohen Kosten ist das Ausfallrisiko im Rahmen der klinischen Prüfung: Von 10 000 untersuchten Substanzen schaffen es nur etwa zehn bis zur klinischen Prüfung und lediglich ein einziger Wirkstoff erreicht den Markt als zugelassenes Arzneimittel. In der Produktentwicklungsphase fallen Umsätze allenfalls durch Milestone-Zahlungen von Lizenzpartnern an. Ansonsten verbrennen die Unternehmen praktisch nur Geld. Aus diesem Grund sind die Biotech-Unternehmen ganz besonders auf Risikokapital angewiesen. Gegenwärtig sehen die Beteiligungsgesellschaft BB Biotech und der Venture Capitalist BB Biotech Ventures hierzulande zahlreiche Unternehmen, die über ein erfahrenes Management und eine fortgeschrittene Produktpipeline verfügen.

Weiterführende Literatur

(1) Staatliche Fonds finanzieren jede zweite Beteiligung
aus VDI NR. 17 VOM 27.04.2007 SEITE 21

(2) Firmengründer suchen nach Finanziers Der Weg zum Wagniskapital
aus HANDELSBLATT online 24.05.2007 07:15:03

(3) Spannungsgeladene Wagniskapitaloffensive CDU/CSU befürchtet schlechtere Bedingungen für die Branche - Meister will Gesetz "aus einem Guss"
aus Börsen-Zeitung, 18.05.2007, Nummer 94, Seite 7

(4) Förderung allein von Wagniskapital
aus Frankfurter Allgemeine Zeitung, 15.05.2007, Nr. 112, S. 12

(5) Digitalfotos mit Ortsangabe
aus Handelsblatt Nr. 092 vom 14.05.07 Seite 22

(6) Streit um Private Equity eskaliert
aus Handelsblatt Nr. 098 vom 23.05.07 Seite 23

Impressum

Wagniskapital - Zusagen sinken, künftige Förderung noch unklar!

Bibliografische Information der deutschen Nationalbibliothek

Die Deutsche Nationalbibliothek verzeichnet diese Publikation in der deutschen Nationalbibliografie; detaillierte bibliografische Daten sind im Internet über http://dnb.d-nb.de abrufbar.

ISBN: 978-3-7379-0584-8

© 2015 GBI-Genios Deutsche Wirtschaftsdatenbank GmbH, Freischützstraße 96, 81927 München, www.genios.de

Alle Rechte vorbehalten. Dieses Werk ist einschließlich aller seiner Teile – z.B. Texte, Tabellen und Grafiken - urheberrechtlich geschützt. Jede Verwertung außerhalb der Grenzen des Urheberrechtsgesetzes bedarf der vorherigen Zustimmung des Verlags. Dies gilt insbesondere auch für auszugsweise Nachdrucke, fotomechanische Vervielfältigungen (Fotokopie/Mikroskopie), Übersetzungen, Auswertungen durch Datenbanken oder ähnliche Einrichtungen und die Einspeicherung und Verarbeitung in elektronischen Systemen.